DISCOURS

DU CITOYEN

LEDRU-ROLLIN

DES 9, 21 ET 25 AOUT 1848.

Séance du 9 août.

Le citoyen Ledru-Rollin monte à la tribune.

Citoyens représentants, au point où est arrivée la discussion, je ne serais pas monté à la tribune si je ne croyais avoir à vous dire, en très peu de mots, des choses qui, jusqu'à présent, n'ont pas été dites et qui sont utiles. En le faisant, je résumerai succinctement la discussion que vous venez d'entendre. D'abord, définissons bien sur ce que nous voulons.

La liberté de la pensée, tout le monde est d'accord, le respect de l'autorité, sans lequel il n'y a pas de société possible ; c'est la solution de ce problème qui se présente aujourd'hui en politique, et qui depuis des siècles s'est présenté en philosophie : concilier la liberté humaine et l'autorité.

Que vient-on dire dans le projet de loi ? Ceux qui ne veulent pas du cautionnement veulent de l'anarchie, et on met sur le compte des défenseurs de la liberté toutes les exagérations et tous les crimes que le principe du mal a jetés en ce monde. Ce n'est point une objection sérieuse, je la repousse. (Approbation.)

J'arrive à la loi même ; je dis qu'à votre insu elle n'est pas sincère ; si c'est une peine que vous voulez frapper, 24,000 fr. ce n'est pas assez. Vous comprenez, en effet, que les riches pourront facilement les trouver ; c'est donc une prévention pour que les pauvres qui auraient une pensée dans l'âme ne pussent pas librement la faire

1848

prévaloir; ce n'est pas une garantie, c'est une prévention contre la liberté.

On ajoute, il est vrai : Nous voulons une loi transitoire, c'est quelque chose qui n'est pas définitif.

Citoyens, croyez-vous que je doive répondre à cet
argument ? Il a été celui de toutes les mauvaises
causes.

Je ne sache pas une violation de principe qui n'ait eu
pour excuse la transition, le passager. On l'a dit avant
moi : En France, il n'y a de définitif que le provisoire.
Je le répète, ce n'est pas là un argument ; si votre principe n'est pas vrai, s'il est contraire à ce qui est juste,
ne fût-ce que pour un mois, que pour deux mois, vous
ne pouvez vous en servir ; c'est quelque chose d'odieux
au point de vue des principes. (Très bien !)

Venons donc au fond de la question.

J'ai dit qu'il fallait deux choses : le respect de la liberté ; le respect de l'autorité.

Or, nous venons vous proposer ceci : de trouver, au
lieu d'un nuage qui s'échappe, au lieu d'une fiction qui
disparaît aux yeux, de trouver la réalité même.

Nous vous disons : l'auteur signera ; vous répondez :
cela n'est pas possible. Si vous avez travaillé dans les
journaux, vous reconnaîtrez que cela est possible. Car
au bas d'un article de grande discussion, quand on
veut s'honorer, quand on croit qu'il y a une grande
responsabilité morale, que fait-on ? on met son nom au
bas de l'article. Et le fait-Paris ? on peut au bas y ap-
poser des initiales.

Citoyens, pour vous mettre à même de juger en conscience, permettez-moi de vous placer dans la situation
où est un homme qui écrit. Le journaliste, c'est ordi-
nairement un homme passionné, c'est un homme qui
prend sa plume frémissante et qui la fait courir sur le
papier. Eh bien ! cet homme a-t-il un compas pour me-
surer son expression ? Ah ! non ! non ! il est exagéré,
il parle de loin, il a besoin de peindre largement et fort,
pour qu'on voie bien, qu'on saisisse bien. Le journaliste qui dit : ce n'est pas seulement la feuille de papier,
ce n'est pas seulement l'être collectif, mais c'est mon

nom qui va au bout de cet article, c'est ma responsabilité morale que j'engage. Ah! soyez-en convaincus, cela est dans la nature hum. , on est plus exigeant pour soi quand on signe; on l'est beaucoup moins quand on ne signe pas. On est plus exigeant quand on se présente en face de son adversaire, quand on le voit de l'œil, et quand on dit : voilà un homme qui va me demander raison, non pas raison par les armes, mais raison à ma conscience, à ma loyauté. Je dis que, dans ce cas, citoyens, la responsabilité est plus sérieuse, plus vraie, et que, pour en nier l'existence, il faut nier la conscience humaine et les habitudes de la vie. (Vive approbation.)

Maintenant, que me répondrez-vous? C'est nouveau! Mais tout est nouveau ici : vous qui m'écoutez, et le gouvernement sous lequel nous avons le bonheur de vivre, tout est nouveau. Est-ce que c'est un argument, de dire que c'est nouveau? et, parce que la monarchie existait, est-ce qu'il faut suivre les traces de la monarchie quand on est en République? (Approbation.)

C'est nouveau! oui, pour vous, qui n'avez rien consulté sur cette grave question; pour vous qui avez changé, les uns et les autres, permettez-moi de vous le dire, un peu vite d'opinion.

C'est nouveau! Et la Suisse; est-ce que, dans ce pays républicain, on connaît le cautionnement? la calomnie y est cependant plus rare, plus difficile qu'ailleurs, parce que les lois répressives sont plus sévères?

Vous dites que cela n'existe pas. Vous n'avez donc jamais lu l'histoire de l'Amérique? Vous me parlez de l'Angleterre! Que me fait, à moi, l'Angleterre! elle est aristocratique... En Angleterre, vous vous trompez, vous avez dit qu'il n'y avait pas de cautionnement, il y en a un; les lois de 1819, de 1832 exigent un cautionnement de 200 livres sterling.

LE CITOYEN LÉON FAUCHER : J'ai dit cela; mais j'ai affirmé que ce n'était pas là un cautionnement.

LE CITOYEN LEDRU-ROLLIN : Je dis qu'il y a un cautionnement.

Au surplus, l'Angleterre est aristocratique. Je vous

parle de l'Amérique ; elle a bien sa grandeur apparemment, et je crois que nous pouvons la consulter. En Amérique, on ne connaît pas le cautionnement. Là, la liberté est absolue et l'autorité est grande aussi. Cependant, on a trouvé le moyen de concilier les deux principes, et on n'a pas eu recours au cautionnement, et dès le commencement on ne s'est pas payé de mots comme ici ; on n'a pas dit : faisons une loi transitoire, à l'imitation de l'Angleterre avec laquelle nous venons de rompre. Commençons la République en manquant au principe sacré de la liberté. Non, non, on n'a pas dit cela en Amérique, le lendemain de la rupture avec l'Angleterre, et quand une loi du cautionnement et du timbre s'est agitée, on a déclaré que, pour rompre avec la métropole, il n'y aurait ni cautionnement ni timbre, et que ce n'était pas avec du vieux, au grand soleil de l'Amérique, qu'on pourrait fonder une jeune et vigoureuse et invincible république. (Mouvement prolongé.)

En Amérique donc, dans ce grand pays qui a bien sa valeur comme exemple, pas de timbre, pas de cautionnement, liberté absolue. Et vous qui, en passant, avez voulu nous donner une leçon, permettez-nous de vous répondre. Ce que je viens de vous dire ici n'est pas un langage de circonstance ; je l'ai dit quand j'étais dans l'opposition, je l'ai dit le 24 février, je l'ai dit le 22 juin, quand j'étais au pouvoir ; car je ne sache pas que les idées chevaleresques que j'y ai portées aient été répudiées par moi quand j'y étais assis. (Mouvement d'approbation à gauche.)

Le 22 juin, j'ai présenté à la commission exécutive un projet de loi qui repoussait le cautionnement, et qui établissait la responsabilité morale par la signature ; il était accepté par tous les membres, par tous, entendez-vous bien ! (Mouvement.) Il avait été remis au ministère de la justice, et, sans les lamentables événements du 24 juin, il vous aurait été présenté. Oh ! Dieu merci, ma politique peut être contestée, mais elle est homogène, elle est une, elle est logique. Ce que j'ai voulu avant, je l'ai voulu pendant, et je combats encore après pour l'obtenir. Si d'autres ont changé pour demeurer au pouvoir, ce n'est pas moi. (Marques d'approbation sur plusieurs bancs.)

Oui, oui, vous avez voulu nous donner une leçon ; nous ne voulons pas du cautionnement, donc nous sommes des hommes de désordre et d'anarchie. Eh bien, laissez-moi à mon tour exposer les préceptes des grands hommes d'état de l'Amérique, qui se connaissent en république. Savez-vous ce qu'ils veulent pour la presse ? Faire le contraire de ce qu'on vous demande. Et j'adresse ceci à ceux d'entre vous qui, comme moi, trouvent que la presse est une trop grande puissance quand la république existe. Savez-vous ce qu'ils font ? Ils multiplient les journaux ; et le secret de leurs hommes d'état, d'un président de la bouche duquel j'ai eu l'honneur de l'entendre, c'est de décentraliser la presse au lieu de la centraliser, de la fortifier ; c'est que la presse ne soit pas une puissance collective, une citadelle, des créneaux de laquelle on puisse tirer mystérieusement ; mais qu'elle soit, au contraire, une protestation individuelle. (Très bien ! très bien !)

Ce sont là les maximes d'un véritable homme d'état ; celui-là n'était pas un agitateur ; car, il faut le dire, il avait gouverné avec gloire son pays. Et tous ceux qui, dans ce pays, arrivent aux affaires, ont la même pensée. Laissez publier, laissez multiplier les journaux, pour qu'ils puissent se neutraliser les uns les autres, et qu'au milieu de cet océan de la polémique, indécis, tumultueux, mais flottant, il surnage quelque chose de stable, d'immuable : l'amour de l'ordre, l'amour de la liberté, l'amour de la patrie. (Approbation prolongée.)

Eh bien, en agissant ainsi, les hommes d'état de la Suisse, les hommes d'état de l'Amérique sont conséquents aux principes de liberté, et, en même temps, ils sont habiles. Habileté, logique, c'est presque toujours une même chose. Ils concilient ainsi les grands principes : respect à la liberté, sauvegarde pour l'autorité. Nous comprenons très bien que, dans un gouvernement monarchique, où l'état est tout, la presse, qui remplace le suffrage universel, soit puissante, concen-

trée, parce qu'elle contrebalance une force considéra-
ble aussi : la royauté.

Mais quand la république existe, quand le suffrage
universel vient, par ses affluents infinis, purifier tous les
jours ce qu'il peut y avoir dans le pays de mauvais à
rejeter, alors la presse n'a plus le même rôle ; elle ne
doit plus être une collection, il faut qu'elle devienne
une individualité pour céder devant la volonté de tous ;
et pour devenir une individualité, il faut que les écri-
vains signent. C'est en cela que vous ne me paraissez
pas comprendre la question au point de vue des hommes d'état. La presse cesse d'être collective, c'est votre force ; elle cesse d'être puissante, c'est votre force.
En disant cela, je ne blasphème pas contre la presse, à
Dieu ne plaise ; la presse, sous la république, ne doit
plus être qu'un censeur austère et la messagère des
vérités nouvelles. Mais il ne faut pas que la liberté soit
sacrifiée pour cela, il faut qu'elle puisse exister dans le
journal à l'état de protestation, à l'état individuel ;
alors vous avez concilié les deux principes, l'autorité et
la liberté. La liberté doit toujours se faire jour, car il
y a un moment où un seul homme a raison contre tous ;
et cet homme ne doit pas être soumis à des conditions
d'argent ; car l'histoire de l'humanité nous apprend
que c'est presque toujours de la pauvreté que sont sor-
tis l'enseignement et la lumière. (Approbation.)

Voilà les principes vrais. Ce ne sont pas ceux d'un
désorganisateur ; ils peuvent ne pas être les vôtres,
mais ils ne sont pas ceux d'un anarchiste. J'y ai long-
temps réfléchi.

O presse ! j'ai bonheur à te défendre, toi qui m'as
si outrageusement, si odieusement attaqué. Ledru-
Rollin qui vous parle, c'est, selon elle, Ledru-Rollin le
voleur, le libertin. C'est ainsi qu'elle a payé mon dé-
voûment à la république. (Profond mouvement. Exclamations.)

Oui, oui, je m'en glorifie : le libertin avec des cour-
tisanes qu'il n'avait jamais vues ; le voleur qui avait sa-
crifié sa fortune pour hâter l'avènement de la république, dont beaucoup d'entre vous ne voulaient pas, et à

qui il ne reste guère de patrimoine que son inextingui-
ble amour de la liberté ! Je ne pouvais pas répondre à
ces attaques ; mais avec Franklin, leur maître à tous, je
me disais : « Si ce sont des vices qu'ils me reprochent,
leur censure me corrigera ; si ce sont des calomnies,
peut-être un jour l'histoire les corrigera à son tour. »
(Très bien ! très bien ! — Applaudissements.)

Citoyens, amis, permettez-moi ce mot (Oui ! oui !),
je ne dirai plus qu'une chose. Je crois que ce qu'on
vous propose dans une bonne intention est mauvais.
Un gouvernement ne peut vivre qu'en marchant en
droite ligne avec le principe qui est son fondement, son
origine, sa source. (C'est vrai !) Or, vouloir, dès le principe, enchaîner, frapper la liberté, n'importe sous quel
prétexte, croyez-le bien, c'est contraire au principe,
c'est tuer, à un jour donné, le gouvernement que vous
voulez fonder. Je le répète, vos intentions sont bonnes,
elles sont pures, je ne le conteste pas ; mais enfin, si les
raisons que je vous ai données vous touchent, si elles
touchent cette assemblée qui veut l'ordre avec moi,
qui veut l'autorité avec moi, mais qui veut la liberté
avec moi, car, encore un coup, il y a un jour dans le
monde, où un seul homme a raison contre tous, et il
n'y a pas une seule des vérités qui ont fécondé la terre,
qui d'abord n'ait été châtiée, n'ait été punie dans un
pauvre, dans un humble. (Très bien ! très bien !)

Si les raisons que j'ai donnés vous touchent, renvoyez, puisqu'il est temps, renvoyez à une commission
l'examen de cette proposition, et je crois que vous aurez
fait une bonne chose quand vous autrez trouvé la con-
ciliation des deux grands principes, l'autorité et la liberté, par lesquelles les sociétés doivent être fondées,
et sans lesquelles elles ne peuvent vivre. (Applaudissements.)

Une vive agitation succède à ce discours.

Séance du 21 août.

M. LE PRÉSIDENT : La parole est au citoyen Ledru-
Rollin.

M. LEDRU-ROLLIN : Citoyens, je suis heureux de l'occasion qui m'est enfin offerte de m'expliquer sur la question de finances du ministère de l'intérieur. J'avais cru qu'on nous réservait tout cela pour la discussion de l'enquête, ceci en est un avant-goût ; les paroles d'amertume que vous venez d'entendre en sont le prologue ; on a même cherché, il faut le dire, comme si les éléments de discorde manquaient déjà...

A gauche : Très bien ! très bien !

M. LEDRU-ROLLIN : On a même cherché, comme si les éléments de discorde, hélas ! manquaient déjà....

M. DENJOY : A qui la faute ?

Plusieurs membres à gauche : A vous, à l'enquête !

M. LE PRÉSIDENT : Je vous invite à ne pas interrompre l'orateur.

M. LEDRU ROLLIN : On a cherché à jeter de l'irritation dans une question très simple ; pour moi, je le déclare, je répondrai d'une façon claire, précise, comme on le fait à une question d'honneur, à une question d'argent.

On a dit : il y a dans les moments de révolution des fonds qui peuvent être puisés au trésor sans qu'on en rende parfaitement compte. Je dis, moi, que cela est impossible, et je fais un appel sur ce point à tous les hommes *honnêtes* qui ont passé par les affaires.

Je ne sais pas où le préopinant a pu recueillir une semblable insinuation ; je demanderai même où il a pu, pour peu qu'il ait connaissance du mécanisme financier, où il a pu se figurer qu'un tel fait pouvait s'accomplir. On ne peut toucher, vous le savez, vous qui avez manié les finances, que d'une façon, non pas sur la signature d'un ministre, mais quand, par suite d'un budget ordonnancé, le ministre, dans les limites de ce budget, vient demander la somme qui lui est nécessaire. On le peut encore sous un gouvernement révolutionnaire, quand le gouvernement tout entier ordonne qu'une somme sera prélevée au trésor, et qu'alors le ministre des finances, en présence de cette délibération, paie sur l'ordonnancement qui en est fait. Entendez-vous bien ? sur ordre du gouvernement *tout entier*.

Il faudrait donc que ses onze membres eussent été mes complices, et alors l'absurde le dispute à l'odieux !

Voilà, il faut que le public le sache bien, que l'opinion le sache bien, voilà les deux seuls modes sans lesquels, en temps de révolution comme en temps normal, il est impossible de toucher au trésor. En dehors de cela, je le répète, il ne peut y avoir qu'ignorance complète, ou il ne peut y avoir que calomnie. (A gauche : Très bien !) Oui, il y a eu calomnie, elle s'insinue au dehors, elle s'est enfin fait jour dans l'enquête ; après tant de bruits misérables répandus, j'ai pu saisir des noms, enfin.

Qu'en ai-je fait ? Je les ai conduits là seulement où le mépris pouvait les conduire, devant les tribunaux, la cour d'assises en jugera. (Très bien !)

Maintenant, j'arrive à la question, et je la traite rapidement.

Qu'y avait-il au ministère de l'intérieur ? Deux choses : ce qui était ordonnancé pour les services généraux. Quant à cela, vous le savez, le ministre ne fait que signer. Le chef de la comptabilité fait distribuer aux employés les sommes qui sont allouées par le budget. Pas de doutes même possibles.

Il y a, de plus, les fonds secrets.

Voyons donc cette question que l'animosité, que la haine a tant cherché à grossir et à dénaturer dans le pays. Voyons la question des fonds secrets.

Est-ce que par hasard ils ont été grossis d'une manière démesurée qui ne s'est jamais vue en temps de révolution, quand il fallait maintenir l'ordre pendant deux mois et demi, ordre dont vous nous tenez si peu de compte aujourd'hui, vous tous qui en profitez. (Mouvement. Vive approbation à gauche.)

Eh bien, ces fonds secrets ne sont pas seulement restés de beaucoup au-dessous du chiffre qu'ils ont eu en 1833 et en 1834, quand l'émeute sévissait dans Paris, ils sont restés au-dessous du chiffre anormal sous la monarchie déchue : voilà le vrai. (Mouvement.)

Maintenant, voyons-en l'emploi.

Les fonds secrets ! Est-ce que par hasard ils ont été

employés à faire de la police? Eh, mon Dieu! vous allez parfaitement comprendre leur emploi par un rapprochement : 1847 et 1848, pour quelques personnes, c'est la même chose ; cependant il y a une révolution dans l'intervalle ; le budget de 1847 ne pouvait pas prévoir, par exemple, l'établissement de la garde mobile, des gardiens de Paris, des commissaires envoyés dans les départements, de la garde républicaine, de l'organisation du suffrage universel, des hommes qui venaient s'abriter au ministère de l'intérieur, dans les monuments publics, partout, pour demander du pain, parce qu'ils avaient fait la révolution, ces hommes, et que leurs entrailles criaient... Il a bien fallu donner à ces hommes un abri, du pain et des vêtements. Tout cela a été payé sur les fonds secrets ; voilà ce que c'est que les fonds secrets cette fois-ci ! (A gauche : très bien ! très bien !)

Et maintenant, vous venez dire : Sur les fonds secrets, il y a eu des empiétements de crédit. Certainement, il y a eu des empiétements de crédit ; il est évident qu'à peine de laisser mourir de faim des familles indigentes, de laisser des services manquer, de laisser cette garde mobile nue, qui l'a été si long-temps, qui qui vous a si puissamment servis, il fallait prendre sur les fonds secrets. Pouvais-je prendre sur autre chose ? Prenais-je des fonds secrets sur ma simple signature ? On ne peut le faire, en semblable circonstance, qu'en vertu d'une autorisation du gouvernement.

Mais combien j'ai tort de discuter ; cette question a été déjà tranchée, et par une commission de cette assemblée qui était loin d'être composée de mes amis politiques. Voici comment elle parle de l'emploi des fonds secrets ; cette citation vaudra mieux que toutes les phrases :

« Nous n'hésitons pas à le dire, la majeure partie des allocations de cet article se ressentent de l'état de désordre et de crise dans lequel le pays se trouvait à cette époque. On y remarque à chaque instant l'absence ou l'oubli des règles de comptabilité ; la spécialité des dépenses n'y est aucunement respectée ; *mais nous de-*

vons le déclarer, parce que notre devoir nous y oblige et que notre loyauté nous en fait une loi, la totalité de la somme ordonnancée a été justifiée par des mandats réguliers contenant l'indication des emplois divers auxquels ils étaient destinés, et par des récépissés correspondants, revêtus de la signature de ceux auxquels les mandats avaient été délivrés. »

Eh bien, je vous demande ce que devient votre argumentation. Qu'avez-vous voulu prétendre, voyons, en cherchant à soulever des souvenirs de rancune? voyons le vrai, que pouvez-vous nous reprocher? d'avoir empiété d'un crédit sur l'autre; d'avoir, par nécessité, changé la destination. Mais d'avoir détourné un denier, c'est impossible; car la commission a dit : Nous devons à l'honneur de déclarer que, quant aux sommes, elles ont été bien et fidèlement employées.

Maintenant, vous vous disiez de bonne foi, vous vous disiez sans colère, je le crois; regrettez donc l'expression qui vous est échappée à cette tribune quand vous prétendiez que ces sommes n'avaient pas été loyalement employées !

Ce mot de loyauté, le comprenez-vous, monsieur ? (Vive agitation. Très bien !)

Savez-vous bien ce que ce mot veut dire ?

Vous avez confondu loyalement et légalement.

Oh ! non, quelquefois elles n'ont pas été légalement employées, car la révolution au nom de laquelle elles étaient employées n'était pas légale à vos yeux; mais elles l'ont été loyalement, car le rapport de la commission le constate.

Maintenant dois-je descendre dans les détails ? dois-je vous répondre quand vous me demandez comment on soldait les hommes qu'on envoyait dans les départements ? Comment on les soldait ! Je n'ai qu'un mot à vous dire : Ce n'est pas mon procès à moi que vous faites, ce serait le procès du gouvernement tout entier.

Les hommes qui ont été envoyés dans les départements y ont été envoyés jusqu'à concurrence d'une somme déterminée par l'ordre même du gouvernement. Oh ! à cette époque vous vous reposiez dans vos loisirs des départements, vous. (Mouvements divers. — Rires et approbation sur quelques bancs.)

Mais à Paris bouillonnait la force exubérante de la révolution ; mais à Paris, les hommes qui avaient été rois sur les barricades voulaient imposer des conditions qui parfois pouvaient n'être pas raisonnables. Cette force exubérante, Paris seul ne pouvait pas la contenir comme une immense fournaise ; il fallait une issue et des moyens de départ aux nombreux citoyens qui voulaient regagner leurs foyers. (Interruption bruyante et prolongée.)

Il y a autre chose. Oui, oui, il y avait des départements où les ouvriers, méconnaissant l'esprit de la révolution, voulaient se porter, après cette révolution même, à une révolte. Oui, il y avait de grands centres comme Lyon, Lille, où il fallait envoyer des ouvriers pour leur parler le langage fraternel qui n'aurait pas été entendu dans votre bouche, à nous qui n'étions que des bourgeois. Voilà pourquoi il fallait leur envoyer des ouvriers.

PLUSIEURS MEMBRES : C'est vrai !

M. LEDRU-ROLLIN : Vous demandez qui a so'dé le départ des hommes qui sont allés sur la frontière de Belgique. Qui les a soldés ? Ce sont les fonds du trésor. (Murmures.)

Citoyens, est-ce du raisonnement ou de la colère ? Si c'est du raisonnement, écoutez sans vous récrier ; si c'est de la colère, j'ai dit que je voulais être calme, alors, je me tairai. (Parlez ! parlez !)

Vous aviez à Paris d'innombrables ouvriers sans ouvrage, sans travaux ; vous aviez des Allemands, des Belges, des Piémontais, des Savoisiens. Eh bien, pour ne pas laisser faire une concurrence ruineuse et mortelle à ceux qui déjà étaient sans pain, le gouvernement a ordonné que la plupart d'entre eux retourneraient dans leur pays avec frais de route et secours.

Quant à la question de Belgique, je ne veux pas anticiper ; j'y reviendrai dans l'enquête, et on verra que dans cette question comme dans les autres, le gouvernement a fait complètement son devoir, et n'est pas sorti, quoi qu'on en dise, des termes du manifeste de M. Lamartine.

Ainsi donc, je me résume en deux mots.

Puiser directement dans la caisse du trésor, c'est une impossibilité morale et physique dont l'implacable haine des royalistes a seule pu accréditer la fable odieuse. Prendre sur les fonds des services spéciaux, c'est aussi impossible ; et sur les fonds secrets, la question est jugée par une de vos précédentes commissions.

Il faut être frappé d'un certain vertige pour ne pas tenir compte des moyens qu'il a fallu employer pour maintenir l'ordre et la paix. Ainsi, encore un coup, en ce qui concerne les fonds secrets, la question est jugée par votre commission spéciale. Et ne croyez pas que j'invoque cela comme un bill d'indemnité ! Pas le moins du monde ; ma vie pub' 'ce est à tous.

Vous voulez voir ce que la commission a déjà vu ; rendez-vous au ministère de l'intérieur. Est-ce que par moi jamais un document a été refusé, quand la commission des fonds secrets m'a appelé pour avoir des explications sur la situation que j'ai laissée et sur celle de mon successeur ? Je suis allé au devant de toutes les explications, et je n'ai pas seulement présenté un résumé général, j'ai demandé que la commission examinât tout ; j'ai demandé qu'une sous-commission fût instituée et qu'elle se transportât à la comptabilité du ministère de l'intérieur , et qu'elle examinât pièce par pièce ; c'est ce qu'elle a fait, et elle n'a jugé qu'après.

On l'a fait une première fois ; c'est assez, non pas pour ma conscience, qui n'en a pas besoin ; mais c'est assez pour les hommes honnêtes qui n'ont pas de préventions. Quant à ceux qui en ont encore, eh bien, qu'ils recommencent. Ma vie appartient à tous, je le répète, on peut y voir, y scruter tout ; mais je ne puis accepter ce mot de déloyauté jeté dans le débat. Le mot de déloyauté restera contre vous. De la déloyauté ! Non, il n'y en a pas eu ! Il y a eu une révolution ; avant elle vous étiez du parti des aveugles, et vous n'avez point encore ouvert les yeux ; vous êtes un de ses incurables ennemis. (Vive agitation. — Approbation sur plusieurs bancs. — Réclamations sur d'autres bancs .)

LE CITOYEN PRÉSIDENT. La parole est au citoyen Creton.

M. CRETON. : Si l'on est réellement disposé à entrer dans la voie des comptes sérieux et circonstanciés, je m'étonne de cet emportement ; il est anticipé. (Exclamations.)

UN MEMBRE : C'est vous qui avez insulté.

M. CRETON : On suppose que ma proposition recèle des rancunes ; des rancunes contre qui ?

UN MEMBRE : Contre la révolution.

M. CRETON : Est-ce qu'il y a quelqu'un ici dans le gouvernement provisoire qui m'ait jamais blessé, qui m'ait jamais fait injure ? Pourquoi des rancunes ? M. Ledru-Rollin ne le comprenait pas ainsi, lorsque, s'adressant à moi, il me disait qu'il allait au-devant de ma propositon, qu'il voulait déposer ses pièces et justifier ses comptes. (Interruption.)

M. LEDRU-ROLLIN : Oui, certainement, et je persiste.

M. CRETON : Si l'on veut en effet discuter sérieusement, je m'étonne de cet emportement... (Violente interruption).

De quoi vous plaignez-vous ? Est-ce que j'ai mis de l'animosité personnelle dans le débat ? Est-ce que j'ai jamais eu à me plaindre personnellement d'aucun membre du gouvernement provisoire ?

On s'est plaint de l'expression de *loyauté*. Cette expression je la maintiens. (Nouvelle interruption. La clôture ! À la question !)

Les hommes que vous soldiez venaient dans les provinces nous annoncer le sort qu'on réservait à l'assemblée nationale. (Cris violents et clameurs, l'ordre du jour ! des interpellations se croisent de tous côtés de la chambre).

M. LE PRÉSIDENT : De pareilles discussions ne sont pas des délibérations, ce sont des batailles, elles sont indignes de la représentation nationale.

Séance du 25 août.

M. LEDRU-ROLLIN : (Profond silence.) Citoyens représentants, le débat qui va s'ouvrir est un de ceux qui laissent trace dans l'histoire. Le sentiment public ne s'y trompe pas, on le reconnaît à l'agitation qu'il a jetée dans beaucoup d'esprits. Aussi, pour ma part, je ne veux rien ajouter à cette agitation.

Mon intention est d'être aussi calme, aussi modéré que possible. Et si, par hasard, dans l'ardeur de l'improvisation, quelques-unes de mes paroles avaient un autre caractère, tenez-les pour non avenues, mon cœur et ma raison les désavouent à l'avance. (Très bien! très bien !)

Cette situation qui nous est faite n'est pas sans précédent dans nos annales. Après les journées des 5 et 6 octobre 1789, celles qui, vous le savez, avaient fait incliner la royauté rebelle, une enquête fut ordonnée sur la situation du pays. Cette enquête fut large; elle comprenait les intérêts, les besoins; elle descendait dans les détails; elle remontait, par des courants innombrables, jusqu'aux causes générales. Pour tout ce qui touchait aux individus, elle ne fut pas faite légèrement : instruction judiciaire, témoins confrontés, accusés mis en présence, une année presque entière s'écoula, et quand le rapport arriva, la voix puissante du génie le plus émouvant de la révolution, la voix de Mirabeau mit tout cela en poussière en quelques paroles.

Cette enquête, elle portait un grave caractère. On fit, dans l'assemblée nationale, un appel à la concorde, comme je l'ai entendu faire depuis ce matin. On dit : les hommes ne sont rien, les principes sont tout; le peuple souffre, occupons-nous de lui; et l'assemblée nationale intelligente passa purement et simplement à l'ordre du jour; l'assemblée nationale scella le pacte d'union; elle eut raison, car pendant dix-huit mois, sans secousse, sans colère, elle put suivre sa course libérale et magnanime à la fois. (Sensation.)

Après le 10 août, après cette journée qui avait tué

la royauté, le parti qui avait encore des souvenirs de la monarchie déchue poussa à une accusation, à une enquête; on accusa, on ne demanda plus au pays ce qui était recelé dans son sein; non, messieurs, non ! on accusa. La première fois, la convention passa à l'ordre du jour, mais cet ordre du jour avait été tel, les débats avaient été si virulents, que ce fut la grande guerre de la Montagne et de la Gironde; vous savez le reste. (Mouvement.)

Après le 9 thermidor, le parti vainqueur voulut aussi des accusations. Il poursuivit les hommes, comme ici, par une enquête politique, par ces enquêtes où l'on n'entend que les ennemis et pas les défenseurs. (A gauche : Très bien !)

Eh bien, que fit à ce moment-là la convention? Elle mit une première, une deuxième, une troisième fois obstacle à cette violence, puis le parti qui triomphait finit par vouloir traduire devant le tribunal révolutionnaire les hommes qui avaient plus ou moins pris part à la révolution, qui avaient des fautes à se reprocher; mais aussi qui avaient fait de grandes choses, car ils avaient émancipé le pays; je me trompe, émancipé le monde ! (Sensation marquée.)

On voulut donc les accuser. Il en résulta que les irritations du dedans, que les colères intestines se répandirent au dehors, puis la journée de germinal pour délivrer les accusés, puis la journée de prairial, puis la mort du courageux Féraud: salut à lui !! puis au bout de tout cela, pendant cinquante ans, la République couchée dans la tombe. Voilà le produit des enquêtes politiques. (Nouvelle sensation.)

Je m'arrête ici, et je vous dis : « Vous, assemblée, oubliez qui nous sommes et qui vous êtes; élevez-vous dans une sphère assez haute pour ne voir que les grands, les immortels principes des sociétés; dans cette sphère calme et sans agitation, voyez la route que vous avez à prendre, deux chemins s'ouvrent devant vous : la grande enquête, je le disais, l'enquête de 89, le grand, le généreux exemple de l'assemblée nationale; puis l'autre route, l'enquête politique, la haine de l'homme à l'homme, s'acharnant à l'ennemi, voulant le frapper, et cet ennemi mort en faisant renaître cent mille, la guerre civile, l'anarchie. De laquelle voulez-vous? (Profonde sensation.) Dans laquelle des deux votre commission va-t-elle essayer de vous entraîner? Est-ce dans la première? Est-ce dans la seconde?

Votre commission, quel était son mandat? Quelles étaient les limites de ses pouvoirs? Son mandat était l'attentat du 24 juin étendu jusqu'aux évènements du 1er mai. En dehors de cela, rien. Car après ces violentes émotions, après ce sang répandu, ce que vous vouliez, c'était que les causes ne se représentassent plus; nous avions été trop profondément émus, nous avions le cœur trop fortement labouré pour penser à des hommes; nous ne pensions qu'au pays.

Le mandat était donc seulement de faire une enquête sur l'attentat du 24 juin, en remontant, au besoin, jusqu'au 15 mai. Est-ce cela par hasard que la commission a fait?

Est-ce qu'on avait parlé des évènements antérieurs? Et cependant, que fait la commission? Elle se demande s'il est possible de perdre un des plus ardents acteurs de la révolution de février. Oh! voyons de près tout ce qui se passe, sa vie privée, ses moindres actes; recueillons toutes les calomnies, ne les contrôlons pas, surtout ne lui en parlons pas. Voilà ce qu'elle a fait; puis, quand elle a agi ainsi, remontant d'évènements en évènements, elle vient nous jeter dans son rapport cette phrase: « Les évènements s'enchaînent; les évènements sont tels que, du 24 juin, du 15 mai, il a fallu remonter fatalement, pour quelques hommes, jusqu'aux époques antérieures. »

Cela ne peut tromper personne, citoyens, pour quiconque a lu les procès-verbaux de la commission d'enquête. Le premier de vos procès-verbaux, que contient-il? Vous venez d'être nommés, vous vous asseyez au bureau pour la première fois, et, avant qu'aucune discussion se soit élevée sur les évènements, avant de pouvoir savoir s'ils s'enchaînent, vous demandez qu'on dépose entre vos mains toutes les pièces antérieures au

15 mai et qui ont préparé d'autres évènements. Ne dites donc pas : Je suis impartial, je suis juge; ne dites pas cela, car en vous asseyant, la haine, la rancune s'asseyent avec vous, avant d'avoir pu être poussés par l'enchaînement des évènements. (Vive approbation sur les bancs supérieurs de la gauche.)

Et quand je vous dis ces choses si simples, est-ce que par hasard vous croyez que je me défends? Non, non, ne vous y trompez pas.

Car enfin, au 24 juin, vous ne me trouvez nulle part, je me trompe, vous me trouvez à mon poste d'honneur, au siége de la commission exécutive.

Au 15 mai! oh! des insinuations ; mais vous savez parfaitement bien, il y a ici des témoins qui en déposent, que j'ai fait mon devoir ici comme à l'Hôtel-de-Ville. Donc maintenant comment remontez-vous jusqu'à moi? comment venez-vous me demander compte indirectement de ma politique? Ma politique, si elle est mauvaise, l'histoire la jugera. Vous l'avez rejetée en me faisant tomber du pouvoir; mais, est-ce que par hasard dans votre enquête vous aviez le droit de m'en accuser? Est-ce que je n'étais pas couvert par cette déclaration que j'avais bien mérité de la patrie? Est-ce que dans votre enquête, si je n'avais figuré ni au 24 juin, ni au 15 mai, vous pouviez me demander compte de ma politique à l'égard de la Belgique? Est-ce que vous pouviez me demander compte de mes circulaires? Est-ce que vous pouviez me demander compte de mes commissaires? Vous ne le pouviez pas, je me trompe, vous ne pouviez le faire qu'en attaquant dans ma personne le gouvernement provisoire et la révolution de février. (Très bien ! — Bravos à gauche.)

Et ne croyez pas que j'invoque ces principes pour m'abriter sous eux; ne croyez pas que j'aie besoin d'un voile; ma politique, je puis la défendre en deux mots.

J'ai écrit des circulaires, vous avez pu les lire, dans lesquelles il y a ceci : Qu'il fallait respecter les situations et montrer de la fraternité, mais qu'il fallait envoyer à l'assemblée des républicains, des hommes de la veille.

Voilà ce que j'ai dit. Eh bien ! je l'ai dit et devant vous je le soutiens, parce que je le crois juste ; savez-vous pourquoi je le crois juste ? par honneur pour vous et pour votre délicatesse. Car enfin, ne vous rappelez-vous pas toutes les luttes auxquelles nous assistions depuis huit ans ? car enfin ne savez-vous plus qu'à la dernière séance, celle où l'on intronisait la régence, le chef de ce parti déclarait qu'en dehors de la régence tout était anarchie et factions, qu'il ne pouvait rien exister ? Eh bien, moi qui ai été invariablement fidèle à mes principes, moi qui ai tracé mon cercle, celui dans lequel s'agitera ma vie, le jour où j'ai été poursuivi pour mon allocution aux électeurs, j'ai voulu réaliser ce qui était dans ma conscience. Je croyais qu'une conviction profonde vous animait aussi, et je disais : Ces hommes qui, au 24 février, voulaient la régence, les précipiter dans une constitution à faire pour la république, c'est les faire mentir à leurs précédents. En vous estimant fidèles à votre conscience, vous ai-je calomnié ? J'avais tenu compte de l'âme humaine, et j'avais respecté les convictions comme sacrées. (Très bien !)

On m'a reproché les commissaires par moi nommés, et même dans l'enquête on trouve à cet égard je ne sais quelle accusation. J'ai dit, et je le répète, j'aurais voulu vous voir le lendemain de la révolution aux prises avec les obsessions ; vous auriez vu qu'il fallait plus de courage pour résister à beaucoup d'entre elles, que vous ne pouvez le supposer. J'avais en trois jours, chose inouïe ! toute une administration à refaire.

Vous avez dit : Ces commissaires, ils avaient des pouvoirs illimités. Allons ! allons ! nous sommes tous des hommes sérieux, n'abusons pas des mots. Oui, des pouvoirs illimités, en leur disant que la limite était dans les mœurs du pays. Vous ne vous attaquez pas aux mots, n'est-ce pas ? Dites-moi donc, à part les rancunes électorales qui peuvent ne pas avoir été oubliées, dites-moi s'il est un seul de ces commissaires qui se soit rendu coupable d'un méfait quelconque ? (Oh ! oh !—Longues rumeurs.)

LE CITOYEN PRÉSIDENT. — N'interrompez pas l'orateur !

M. LEDRU-ROLLIN : Oh ! vous ne m'avez pas surpris, j'attendais cette interruption..... Les commissaires vous ont combattus (Oh ! oh ! — Nouvelles rumeurs), vous en conservez rancune. Mon Dieu ! c'était leur droit..... (Rumeurs et bruits divers.) A l'occasion de cela on a fait injure par l'assimilation à tous les hommes honorables, anciens commissaires, qui sont ici ; un de ces commissaires est un homme qui avait passé une partie de sa vie aux bagnes. (Mouvement.) Vous auriez dû dire une chose, messieurs de l'enquête, c'est que cet homme qui avait été aux bagnes, n'avait pas été nommé par moi. Moi je nommais les commissaires des départements, qui nommaient les sous-commissaires.

A Rouen, j'avais choisi un des citoyens les plus dignes, le bâtonnier de l'ordre des avocats dans cette ville. L'homme que vous prétendez être un forçat libéré, et que le commissaire de Rouen avait nommé n'était pas un commissaire de la république, vous avez joué sur les mots, c'était un commissaire de police ; vous le saviez et vous ne l'avez pas dit. (Mouvement.) Ce commissaire de police..... (Rires et chuchotements à droite)

Ne souriez pas, écoutez-moi, je suis sérieux. Ce commissaire de police, par qui a-t-il été recommandé ? Par un des hommes en qui vous avez eu le plus de confiance, par un de ceux qui ont présidé votre assemblée, par le citoyen Buchez. (Mouvement.)

Pourquoi l'a-t-il recommandé ? Parce que cet homme, un instant électrisé par la grande commotion de février, avait été accessible à de meilleurs sentiments, s'était conduit généreusement à Paris et s'était battu sur les barricades.

Voilà cette situation du commissaire tant reproché !

Parlerai-je de l'affaire belge ?

Pour m'accuser, connaissez-vous les circonstances dans lesquelles elle s'est passée ? Vous n'en relatez qu'une portion, vous ne l'avez pas dite tout entière.

En Belgique se trouvait la réunion de la plupart des

ministres du gouvernement déchu, et ils conspiraient sans empêchement du gouvernement. (Marques d'étonnement. — Dénégations.)

M. LE PRÉSIDENT : N'interrompez pas l'orateur ; il faut qu'il puisse suivre le cours de ses idées ; ces exclamations ne feraient que déterminer d'autres exclamations ; je vous prie en grâce de vous en abstenir.

M. LEDRU-ROLLIN : Dans les eaux de l'Escaut se trouvaient des navires anglais qui menaçaient de prendre Anvers au premier mouvement qui se ferait dans le pays. Eh bien, une légion belge que vous avez tous vue, à laquelle vous avez acclamé quand elle traversait le boulevard, quand elle s'y promenait avec son étendard ; une légion belge est partie. J'ai fait pour elle ce que j'ai fait pour les Allemands, ce que j'ai fait pour les Savoisiens. Pour qu'il ne pût y avoir de désordre, je l'ai fait accompagner par des élèves de l'école polytechnique et par les élèves de l'école centrale.

Ils sont arrivés ; qu'ai-je fait ? Demandé des armes pour les gardes nationales qui, sur la frontière, craignaient le désordre de ces colonnes éparses. Ces armes ont été prises, d'autres disent qu'elles ont été distribuées. Dans l'enquête, il n'y a pas une déposition qui démontre qu'elles aient été distribuées ; dans l'enquête, il y a autre chose, il y a une dépêche télégraphique que vous n'avez pas citée et que vous auriez dû rapporter.

Le commissaire du département du Nord me disait : Ces hommes veulent entrer en armes à la frontière, faut-il les laisser entrer ? Répondez-moi par le télégraphe. Je répondis : Non. Le ministre de la guerre disait de son côté : Qu'on rappelle les élèves ; ils étaient rappelés. Ma dépêche télégraphique n'était pas remise à temps, je destituai le directeur. On arrêta Blervacq qui s'était mis à la tête de ces colonnes, et qui avait voulu entrer en Belgique les armes à la main.

Je demande si cette affaire de Belgique, qui paraissait si inexplicable, ne s'explique pas suffisamment, et je demande si le gouvernement belge, parfaitement informé des faits, a jama.. adressé au gouvernement français une réclamation quelconque ? Jamais.

Que maintenant il plaise à je ne sais quel procureur du roi de ce pays d'accuser des hommes absents, vous comprenez que j'en ai peu de souci. Ce qui me touche, c'est que le gouvernement belge, parfaitement éclairé sur les faits, n'ait pas fait une réclamation au gouvernement français. Il savait donc que la politique de la France n'avait pas démenti le manifeste de M. de Lamartine.

J'ai dit tout ceci ; je pouvais ne pas le dire. Je vous l'ai dit pour ma conscience ; je vous l'ai dit, parce que j'ai représenté, comme membre de la commission exécutive, la majorité, je me trompe, l'assemblée tout entière. Je voulais pour mon honneur, pour le sien, lui dire ces faits, lui donner des explications. Je le répète, je pouvais ne pas le faire ; encore un coup, ce n'est qu'en manquant à votre mandat, qu'en l'excédant, que vous avez pu, en dehors des évènements des 24 juin et 15 mai, venir me chercher dans ma vie antérieure. Vous aurez beau faire, l'histoire qui jugera les faits dira que c'était un souvenir de rancune contre la démocratie que nous avons fondée, une lutte entre la monarchie déchue et la République. (Agitation.)

Citoyens, j'ai dit que je serais modéré, je veux l'être, mais je dois à ma conscience aussi de dire la vérité.

Cette République, elle trouve des hostilités parmi vous, et cependant c'est vous qui l'avez faite, chose étrange ! presque autant que nous. Oui, oui, il faut qu'une certaine portion du pays qui fait tomber sur nous la responsabilité tout entière, vous la fasse partager.

En effet, est-ce que vous croyez, par hasard, que quelques hommes à Paris, suivis par de généreux citoyens, auraient pu révolutionner le pays ? Est-ce que vous croyez, par hasard, que si pendant dix-huit ans, ceux qui ont été au pouvoir n'avaient pas profondément blessé le sentiment national au dehors, n'avaient point au dedans livré le pays à tant d'hommes d'argent qui, eux, exploitaient le travail ; est-ce que vous croyez que la révolution de février se serait faite en quelques secondes ? Vous vous dites attachés à la République, je veux le croire ; mais vous n'avez pas l'exacte mesure de vos sentiments pour elle, vous l'aimez moins peut-être que vous ne le voulez.

Oui, oui, vous faites ici ce que vous avez fait pendant dix-huit ans, vous aimiez la dynastie d'Orléans ; le gouvernement que vous aviez établi, vous vouliez le conserver ; et chaque jour vous le miniez sans avoir une idée à mettre à la place. Vous le combattiez sans cesse, vous l'ébrèchiez ; et vous disiez : nous voulions le conserver ; et vous n'aviez pas, je le répète, un gouvernement quelconque, une idée quelconque à substituer à ce gouvernement.

Ah ! vous avez été, permettez-moi de vous le dire, impuissants dans l'opposition et au pouvoir. Eh bien, ce que vous avez été pour la révolution de juillet, que vous aviez fondée, pour cette révolution que vous aimiez tant, je crains bien qu'à votre insu vous n'essayiez de l'être pour la république que vous n'avez pas fondée. (Mouvement prolongé.)

Je vous crois sincèrement attachés à votre pays ; j'en suis convaincu ; mais tous les jours on se trompe dans le culte de ses affections, et je crois que vous avez des amours malheureux (rires) ; oui, oui, vous avez eu des amours malheureux ; car quand vous avez jeté cette agitation de la réforme ; quand, à un jour donné, vous avez assigné un rendez-vous à une population tout entière ; quand 200.000 hommes se promenaient majestueusement sur les boulevards, vous avez manqué au rendez-vous que votre honneur leur avait assigné. (C'est vrai !) En voulant donner une leçon au gouvernement de votre choix, vous les avez jetés entre les bras de la République. (Mouvement.)

Il faut donc aujourd'hui fortifier cette République que vous avez indirectement amenée par votre imprudence ; il faut la fortifier ; mais il ne faut pas que les discussions d'hommes viennent de nouveau s'agiter ici comme pendant dix-huit ans elles se sont agitées au grand scandale, au grand malheur du pays ; il ne faut pas que vous substituiez à des questions de principes des questions de personnes. Autrement, votre grand amour pour la République tournerait à son grand dommage.

Il ne faut pas que vous recommenciez l'opposition tracassière qui ne peut pas aboutir, parce que, encore un coup, vous n'aviez pas d'idées sous le gouvernement de juillet, et qu'aujourd'hui vous n'en apportez pas de nouvelles pour rémédier aux maux qui nous assiégent. Il s'agit de fonder, et vous n'avez su que détruire, que le pays soit en défiance. (Agitation.)

Ainsi, si vous êtes bons citoyens, votre rôle est tracé, c'est de suivre, mais de ne pas vouloir diriger le mouvement. (A gauche : Très bien ! très bien !)

Il faut une grande franchise dans les actes. L'industrie est aux abois, le capital se retire, le pauvre souffre ; il ne faut pas dire : c'est la République ! parce qu'alors, faisant confondre au peuple l'instrument de sa délivrance avec le mal dont il souffre, il briserait l'instrument. Il faut avoir le cour e de dire : La situation a été amenée par nos fautes ; us avons, sous le gouvernement de juillet, laissé plus ou moins engager les finances dans mille et mille canaux, de façon à ce que le pays, ainsi entravé, ne pût pas soutenir sa grandeur au dehors. Il faut dire : A la révolution de février le commerce était déjà anéanti.

Une voix : Il reprenait !

LE CITOYEN LEDRU-ROLLIN : Il faut dire que les ouvriers étaient en grève ; il faut dire que les capitaux se retiraient et qu'on pouvait à peine en trouver ; il faut dire que la plupart des maisons qui ont liquidé sous le gouvernement de février étaient presque en faillite avant la révolution. Voilà ce qu'il faut avoir le courage de déclarer. (C'est vrai.)

En le rappelant, je n'ai voulu qu'une chose : faire appel au peuple, faire appel à la bourgeoisie, leur faire bien comprendre que ces maux, qui sont la fatalité de la monarchie passée, ne sont pas le tort de la République ; qu'aujourd'hui, entre les factions d'une part et la réaction de l'autre, il ne peut y avoir qu'une ancre de salut, la République ; qu'il ne faut pas la calomnier ; qu'il faut la servir ; qu'il faut que tout le monde s'attelle à son char avec une ardeur égale. (Ac-clamation prolongées.)

Je comprends jusqu'à un certain point vos légitimes scrupules. Oui, en enrayant sans cesse vous croyez sauver le pays de ce que vous appelez la république rouge.

La république rouge ! Mais le moyen, si elle existait, le moyen de la faire triompher, c'est de faire perpé-tuellement de la réaction, c'est de ne rien accorder aux justes exigences ; c'est de faire ce que faisait ce mal-heureux gouvernement qui est tombé, qui, à mesure qu'une chose juste était réclamée, s'y opposait par cela même qu'elle était juste. Voilà le moyen d'amener cette république rouge. Mais la république rouge, croyez-moi, n'est qu'un vain fantôme. (Rumeurs prolongées.)

J'ai dit que la république rouge était un fantôme. J'espère vous le démontrer si vous voulez m'écouter quelques instants. (Ecoutez ! écoutez !)

Sous cette dénomination vous proscrivez surtout le socialisme : il ne m'effraie pas. Permettez-moi de vous dire pourquoi. (Sourires sur quelques bancs de droite.) Il ne m'effraie pas, et voici pourquoi : c'est qu'il cons-tate un fait auquel mon cœur et mes yeux se sont de-puis long-temps ouverts, les douleurs profondes de la société. Maintenant, qu'il se trompe sur les remèdes, je le pense.

Mais le moyen de lui démontrer qu'il se trompe, c'est de faire quelque chose qui enfin vivifie le pays. Ce n'est pas une constitution, croyez-moi, le remède n'est pas là ; des constitutions ! nous en avons dans nos lois à en défrayer tous les peuples du monde. (Rires et bruit.) Ce sont des institutions sociales qu'il nous faut. (Inter-ruption.) Eh bien ! je vous dis ceci : il n'y a pas de ré-publique rouge, il y a des hommes qui s'illusionnent, qui, abusés par les besoins, peuvent être entraînés ; mais soyez bien convaincus que l'immense majorité, que l'unanimité du pays se rattache à la république vraie ; il ne s'agit que de s'entendre. (Mouvement.)

Voulez-vous maintenant que je vous dise ce que je comprends et ce que le pays selon moi comprend par la république vraie ? Le voici : Ce n'est pas le mot, ce n'est même pas le suffrage universel seulement ; c'est le respect pour la famille, le respect pour la propriété. Est-ce que vous croyez, par hasard, que les républicains qu'on a qualifiés de républicains rouges, ne veulent pas le respect pour la famille ? Est-ce que vous croyez que les hommes qui souffrent tous les jours, ne veulent pas de cette douce jouissance, eux qui n'en ont pas d'autres que le foyer domestique ? La famille ! il faut bien s'entendre sur ce mot, nous ne la voulons pas pour quelques hommes, nous la voulons pour tous. (Très bien !) Or, pour vouloir la famille pour tous, il faut qu'il y ait le travail pour tous ; car est-ce que c'est la famille par hasard que l'enfant élevé aux enfants trouvés ? Est-ce que c'est la famille que la fille qui ne peut gagner sa vie par le travail et qui se prostitue ? — Est-ce que c'est la famille, que l'ouvrier presque forcé de vivre dans le concubinage ? Est-ce que c'est la famille, le vieux travailleur réduit à mourir sur un grabat d'hôpital ? Est-ce que c'est là la famille ? Nous voulons que la famille soit universelle. Ne dites donc pas que la famille n'est pas respectée par nous ; car nous, nous ne voulons pas la restreindre, nous voulons l'étendre et la multiplier. (Applaudissements prolongés.)

Vous parlez de respect à la propriété, permettez-moi de le dire, ils sont insensés ceux-là qui ne comprennent pas que la propriété est la première base de la liberté. La propriété ! nous la voulons aussi ; car nous, nous demandons qu'on donne à l'ouvrier ou le crédit ou un instrument de travail. Nous ne la voulons pas pour quelques-uns ; nous la voulons pour tous, honnête, laborieuse et probe, et, au point de départ, pouvant se constituer. Voilà comme nous la voulons. La propriété, nous la voulons peut-être plus que vous ; savez-vous pourquoi ? C'est que nous disons, nous, qu'il y a moyen de rendre propriétaire un grand nombre d'ouvriers ; que, dans cette France, il y a place pour tout le monde au soleil ; que vous avez des communaux à distribuer ; que vous avez des biens de l'état qui ne rapportent rien et que vous pourriez faire féconder par le travail individuel; qu'il y a en France d'énormes défrichements à faire, des lieues de landes stériles à fertiliser. La propriété, à notre gré, vous ne sauriez assez la multiplier... (Rumeurs.) Oui, je dis que nous l'aimons peut-être plus que vous. Voulez-vous que je vous en donne un exemple? Le voici :

A l'heure qu'il est, en France, elle est dans la plus absolue souffrance. Pour peu que vous jetiez les yeux sur les bordereaux hypothécaires, vous verrez que la propriété que vous défendez tant n'est guère qu'un nom; que le propriétaire n'est qu'apparent, et que le capitaliste, le prêteur est derrière. Eh bien ! quand je suis venu, moi, dès le mois de mars, demander qu'à cette propriété ruinée par l'usure, qu'à cette propriété qui ne peut emprunter qu'à 7 0\0, on fît une banque hypothécaire, qu'on lui permît de se mobiliser sous la garantie de l'état, pour jeter ainsi trois milliards de plus dans la culture, le commerce, le travail, on m'a inexorablement repoussé... On a prétendu que c'était du papier-monnaie.

Je ne veux pas traiter la question ici... Qu'il me suffise de dire que ce n'est pas plus du papier monnaie que des billets de la banque, à qui vous avez engagé pour 75 millions des forêts de l'Etat.

Incontestablement nous aimons mieux que vous la propriété, et à l'aide de cette puissante et facile institution on pouvait vivifier le commerce, on pouvait cultiver dans l'abondance, faire travailler les ouvriers.

Voilà une institution; eh bien, elle est à l'étude depuis je ne sais combien de mois, dans cette assemblée, et elle ne s'est pas encore fait jour. (Interruption.)

M. LE PRÉSIDENT : Le rapport a été déposé.

M. DE LARCY : Le rapport a été déposé par un membre de la commission d'enquête.

M. LEDRU-ROLLIN : Soit, elle a été, si vous le savez, trois mois à se faire jour, tandis que, étudiée comme elle l'était, elle aurait pu être réalisée en quelques jours seulement.

Nous respectons donc la propriété, mais à la condition que, comme la famille, elle se multipliera à l'infini ; et, en disant cela, nous sommes les traducteurs de la grande pensée de la convention.

Vous savez parfaitement bien qu'elle voulait la dissémination de la propriété ; elle avait raison, car toutes les républiques (et je réponds ici à certaines idées de socialisme), soit dans l'antiquité, soit au moyen-âge, ont péri par la concentration de la propriété ; car, à l'heure qu'il est, ce magnifique, ce gigantesque pays, l'Amérique, est vivement alarmé par la concentration de la propriété. (Dénégations.)

Il me serait difficile, vous le comprenez, de répondre à des interruptions que je ne saisis pas. J'ai dit et je répète, et je ne puis pas être démenti par ceux qui savent bien qu'à l'heure qu'il est, dans le nord de l'Amérique, la propriété souffre de sa concentration même, et qu'on demande, non pas la loi agraire, mais la distribution des terres appartenant à l'Etat, on crie d'un pôle à l'autre de ce pays : La propriété, c'est la liberté; *Land is liberty!*

Oui, encore un coup, la propriété, nous la voulons comme la famille; nous la voulons pour tous, sinon foncière, au moins comme intrument de travail.

Maintenant, citoyens, permettez-moi de vous le dire, voilà les principes que vous croyez proscrire en les qualifiant de république rouge; ces principes-là, si je pouvais sonder tous les cœurs de l'Assemblée, je suis convaincu qu'ils sont ceux de la majorité; je suis convaincu qu'ils sont ceux de la presque unanimité du pays. Eh bien! c'est pour la repousser, cette république, que vous entravez sans cesse les propositions populaires qui vous sont faites. Et cependant les gouvernements ne périssent pas par les concessions qu'ils font; ils périssent toujours, et vous en avez de nombreux exemples, par les concessions qu'ils ne savent pas faire à temps.

Les partis ne s'acharneront-ils donc toujours que contre eux-mêmes, sans transiger jamais. Le pays souffre, sa misère est au comble, et vous n'en dites pas un mot. D'une question sociale vous êtes, dans votre rapport, tombés à une question de personnes, et le peuple attend. (Mouvement.)

Eh bien, je vous ai signalé au début l'abîme où peut tomber cette Assemblée. Je vous ai dit : « En 1789, à la suite d'une enquête générale, on a demandé l'union, et l'Assemblée nationale, bien conseillée, a fait jeter un voile sur les discussions particulières. » Depuis, au contraire, je vous ai montré la convention faisant dégénérer en questions de personnes toutes ces questions sociales, et alors les différents partis s'entr'égorgeant les uns les autres. Je vous ai dit que vous aviez deux voies à suivre. Suivrez-vous la première, suivrez-vous la seconde? Si vous suivez la première, celle de la concorde, la République peut être sauvée dans une espèce d'élan unanime; si nous nous unissons tous pour arriver au même but, le bien, la grandeur, la prospérité de la patrie. (Acclamations.)

Oh! puisse donc le génie de la liberté inspirer vos consciences dans ce moment *solennel!* Ne dites pas : Ce sont deux hommes qu'on envoie pour être jugés. Non. non, c'est plus que cela. C'est la représentation nationale qu'il s'agit de sauver; car une fois la fissure ouverte, on ne sait quelles mains violentes peuvent l'entr'ouvrir, la déchirer pour y jeter l'Assemblée tout entière. (Vive agitation.

Vous avez devant vous un exemple de la révolution, et si, comme vous le dites, vous aimez sincèrement la République, eh bien, cet exemple, il faut en avoir les sentiments et les avoir profondément gravés au fond du cœur. Dites-vous surtout qu'en commençant les proscriptions, tous les partis, encore un coup, peuvent y passer les uns après les autres, et alors ce n'est pas seulement la perte de la liberté en France et en Europe, c'est la perte de la liberté dans le monde. Voyez tous les peuples qui, dans ce moment, les regards fixés sur vous, espèrent leur délivrance ! Ah ! puissiez-vous, je vous en conjure, y bien réfléchir, et pas faillir à une cause aussi sacrée ! (Applaudissements à gauche.)—Ce discours est suivi d'une longue agitation.

Le Mans. Imp. de Julien, Lanier et C.